BEI GRIN MACHT SICH IHR WISSEN BEZAHLT

AF150901

- Wir veröffentlichen Ihre Hausarbeit,
  Bachelor- und Masterarbeit

- Ihr eigenes eBook und Buch -
  weltweit in allen wichtigen Shops

- Verdienen Sie an jedem Verkauf

Jetzt bei www.GRIN.com hochladen und kostenlos publizieren

GRIN

Arthur Taubmann

Die Objektivität des Kunstschönen

Die näheren inneren und äußeren Bestimmungen des Kunstschönen bei Hegel

GRIN Verlag

Bibliografische Information der Deutschen Nationalbibliothek:

Die Deutsche Bibliothek verzeichnet diese Publikation in der Deutschen National-
bibliografie; detaillierte bibliografische Daten sind im Internet über http://dnb.d-
nb.de/ abrufbar.

Impressum:

Copyright © 2007 GRIN Verlag GmbH
Druck und Bindung: Books on Demand GmbH, Norderstedt Germany
ISBN: 978-3-656-57499-6

Dieses Buch bei GRIN:

http://www.grin.com/de/e-book/263945/die-objektivitaet-des-kunstschoenen

GRIN - Your knowledge has value

Der GRIN Verlag publiziert seit 1998 wissenschaftliche Arbeiten von Studenten, Hochschullehrern und anderen Akademikern als eBook und gedrucktes Buch. Die Verlagswebsite www.grin.com ist die ideale Plattform zur Veröffentlichung von Hausarbeiten, Abschlussarbeiten, wissenschaftlichen Aufsätzen, Dissertationen und Fachbüchern.

Besuchen Sie uns im Internet:

http://www.grin.com/

http://www.facebook.com/grincom

http://www.twitter.com/grin_com

Hausarbeit

Die Objektivität des Kunstschönen

Die näheren inneren und äußeren Bestimmungen

des Kunstschönen bei Hegel

Inhaltsverzeichnis

I Einordnung der Objektivität des Kunstschönen in die Systematik der Hegelschen Ästhetik

Die nähere Bestimmung des Kunstschönen ist in der ersten Abteilung im ersten bzw. allgemeinen Teil der Hegelschen Systematik der Ästhetik zu finden, der der Einleitung folgt. In der Einleitung definierte Hegel das Schöne an sich: er unterschied, Kant folgend, zwischen dem Naturschönen und dem Kunstschönen. Das Naturschöne sei das, was in der Natur wie selbstverständlich vorhanden sei, das Kunstschöne das, was erst der Mensch durch eine eigene gedankliche und tätige Handlung vollbringe, in dieser er nicht nur die Natur nachahmt, was selbst Tiere können. „Das Kunstschöne ist höher als das Naturschöne, weil jenes aus dem Geiste hervorgebracht ist"[1] meint Hegel im Widerspruch zu Kant, der das Naturschöne als die Vollendung der Schönheit begriff. Hegel befasst sich in seiner Ästhetik deshalb ausschließlich mit dem Kunstschönen. Die Kunst sei „das Medium der Sinnlichkeit"[2] und möchte das Absolute aussprechen. In der ersten Abteilung des Allgemeinen Teils werden zunächst die Begriffe Idee und Ideal definiert und ausgeführt, welche für die verschiedenen Stufen der Entwicklungsformen der Kunstgeschichte von Bedeutung ist. Idee meint Gedanken und Anschauung, und Ideal sei die Realisierung der Idee, ein sinnliches Moment, eine Gestalt. Die Idee des Schönen fasst Hegel als Ideal auf,[3] jedoch wird der Ideal-Zustand erst durch eine adäquate Umsetzung/Darstellung der Idee erreicht. Kunsthistorisch teilt Hegel in drei Stufen ein: die symbolische Kunst der Ägypter, in welchem die Idee, das Geistige, nicht adäquat zum Sinnlichen umgesetzt wird; die klassische, hellenistische Kunst, in welchem durch die Einheit von Geistigem und Sinnlichen in der Darstellung des Menschen ein Ideal erreicht worden ist; und die romantische Kunst des Christentums, wo die Idee, das Geistige, der Sinnlichkeit voraus ist, weil der christliche/jüdische/muslimische Gott nicht in der Kunst dargestellt werden kann, also nicht adäquat/ideal. Der Untersuchung dieser Stufen widmet Hegel die zweite Abteilung des ersten Teils sowie den zweiten, besonderen Teil seiner Ästhetikphilosophie, doch schon auf S. 67 unternimmt er erstmals diese Unterscheidung.

---

[1] Hegel, Georg Wilhelm Friedrich: Philosophie der Kunst. Vorlesung von 1826. Frankfurt am Main: Suhrkamp, 2005, S.51
[2] Volpi, Francesco (Hrsg.): Großes Werklexikon der Philosophie, Band 1: A bis K. Stuttgart: Alfred Kröner Verlag, 2004, S. 641
[3] Hegel, G.W.F. Philosophie der Kunst. S. 65

II   Die Objektivität des Kunstschönen

1.   Definition und Gliederung

Die Objektivität des Kunstschönen meint das Werk an sich, unabhängig vom Schaffendem, dem Subjekt des Künstlers.

Hegel nennt folgende Untersuchungspunkte für die nähere Bestimmung des Kunstschönen:

1. Der formeller Begriff
2. Handlung, d.h. Inhalt des Kunstwerkes – Hegel unterteilt in drei Momente: a) eigentümliche Selbstständigkeit, b) Situation [mit dem vier Kollisionspunkten physisch, natürlich, zu Natur gewordenem Unrecht und Tat eines Menschen], c) Reaktion gegen die Situation
3. Charakter oder der Mensch
4. Das Konkrete der äußerlichen Bestimmtheit

Ich werde mich in meiner schriftlichen Ausarbeitung aus Platzgründen auf die ersten beiden Bestimmungen beschränken.

2.   Der formeller Begriff

Gemeint ist hiermit die abstrakte Bestimmtheit des Kunstschönen an sich, d.h. wie ist es möglich, dass ein Kunstwerk nicht nur speziell, also für den Künstler, funktioniert, sondern eben auch abstrakt für andere. Der formelle Begriff versucht, ohne konkreten Bezug, die Spielregeln für das Kunstschöne zu nennen, sozusagen wird über die Begriffsdefinition eine Einschränkung des Kunstschönen erreicht. Hierfür nennt Hegel zwei Gesichtspunkte: Der erste ist die abstrakte Einheit von Mannigfaltigkeit, die Regelmäßigkeit. Die Regelmäßigkeit ist ein Kriterium der Äußerlichkeit, beruhend auf quantitativen Verhältnissen – Hegel nennt beispielsweise das Zahlen- und Größenverhältnis bei Fenstern, bei Organen der Lebewesen, und die regelmäßige Bewegung der Himmelskörper(das ist m.M.n. ein Schwachpunkt der Ästhetikphilosophie – Hegel überträgt in der Einheit des Kunstschönen nämlich Elemente des Naturschönen als Vorraussetzungen für dieses, lässt es nicht autark sein). In der Wiederkehr von beispielsweise Klängen in Reimen, Musik, etc. „liegt eine magische Kraft"[4] – Harmonie. Harmonie ist im Unterschied zur Regelmäßigkeit eine

---

[4]   ebd., S. 81

4

qualitative Einheit, keine rein quantitative. Hegel versteht Harmonie auch als Totalität – z.B. die der Farben, welche in einem Kunstwerk erst durch ihre Totalität ihre Wirkung entfachen. Das führt zum zweiten Punkt des formellen Begriffs, nämlich zur Einheit als Einfachheit. „Die einfachen Farben sind die ausdrucksvollsten"[5] nennt Hegel als Beispiel.

3. Handlung

Die Handlung ist „das Konkrete des Kunstschönen"[6] – während der formelle Begriff ein äußerliches Kriterium darstellt, so stellt die Handlung ein inhaltliches Kriterium dar.

a) Eigentümliche Selbstständigkeit

Hegel klärt dialektisch auf, was er darunter versteht: „Die wahrhafte Selbstständigkeit müssen wir als Einheit des allgemeinen Selbst und der Individualität oder Subjektivität fassen"[7]. Als allgemeine Bestimmung dafür nennt Hegel, dass „das allgemeine […] dem Subjekt eigen sei, […] im Gemüt, als Individualität im Charakter"[8]

Wenn das Allgemeine als Eigentümlichkeit des Individuums besteht, so ist das Allgemeine der besondere Weltzustand. Diesen Zusammenhang bezeichnet Hegel als „formelle Selbstständigkeit[9]".In diesem Falle wird das Allgemeine durch partikulative Individualität wirklich gemacht.

Es folgt ein Exkurs zur Politik: Der Einklang von vernünftiger Freiheit und äußerlicher Notwendigkeit wird von Hegel als Staat definiert, „unabhängig von dem besonderen Individuen"[10], in welchem die Macht an verschiedenen Individuen verteilt ist, welche das konkrete Ganze bilden. „Das Vernünftige ist als Ordnung vorhanden, das Individuum schließt sich an eine solche Ordnung"[11] an.

Der Gegensatz dazu ist das Heroische: so agieren Individuen, wenn sie das Ganze übernehmen. Sie handeln rechtlich, sittlich, nach dem Gesetz der Ehre, weil dies ihrer Persönlichkeit entspricht, sie handeln für das Recht. Die Idee des Ganzen wird unmittelbar sinnlich an einem Heroen manifestiert, das Ideal trifft ein (Herkules). „In einem geordneten Staate könne keine solchen Individualitäten mehr leben und handeln[12]", es gibt keine Heroen/Individuen mehr, weil die Ziele/Macht beschränkt und vorgegeben ist. Im heroischen

---

[5] ebd., S. 82
[6] ebd., S. 82
[7] ebd., S. 83
[8] ebd., S. 83
[9] ebd., S. 83
[10] ebd., S. 84
[11] ebd., S.84
[12] ebd., S. 86

Zeitalter gab es keine Trennung von Individuum und Gesellschaft, deswegen werden Handlungen oft in dieses Zeitalter hineintransportiert. Heute finden Darstellungen bevorzugt im Fürstenstand statt, weil dieser weniger beschränkt ist und so mehr Spielraum für ein Drama bietet. Für Komödien eignen sich jedoch, laut Hegel, geringere Stände, eben durch die stärkere Beschränkung der Individuen. „Das Anmaßen heroischer Selbstständigkeit"[13] verstoße im Staate „gegen die menschliche Gesellschaft"[14] und ist demnach ein Verbrechen, bspw. Karl Moor aus Schillers Räubern.

Ein Verharren in der Darstellung des Individuums ist „vorzüglich Gegenstand der Skulptur"[15]

b)   Situation

Sobald die selbstständigen Gestalten in Beziehung zu anderen kommen, entsteht eine Bewegung, sie kommen in eine Situation. Es gibt zwei Formen dieser:

Spiele – sind harmlos, keine Lösung vonnöten, es gibt keinen Konflikt

Ernsthafte Situation – Eine eingetretene Veränderung muss wieder aufgehoben werden. Dies ist der Anfang der Handlung für ein Drama. Für Hegel ist das Drama „das Kunstwerk, worin eben das Schöne in seiner höchsten Entwicklung vorgestellt wird"[16]. „In der Poesie können Diskrepanzen bis zum Hässlichen fortgehen"[17], weil eine Lösung im Schönen später noch möglich ist. In der Malerei ist ein Abbilden des Hässlichen nicht erwünscht, weil es darin verharren täte.

Vier Kollisionen können eine Situation herbeibringen:

1. Kollision – physisch – z.B. eine Krankheit, die Umstände sind durch die äußere Natur hervorgebracht
2. Kollision – natürlich – z.B. gleiche Ansprüche unter Thronerben
3. Kollision – Natur gewordenes Unrecht, z.B. Sklaverei, Leibeigenschaft oder Judendiskriminierung – diese Rechte sind welche der Form, nicht aber der Vernunft, und erwecken Mitleid
4. Kollision – Tat eines Menschen, die dieser unbewusst begeht, bspw. Sophokles' Ajax

---

[13]   ebd., S. 87
[14]   ebd., S. 87
[15]   ebd., S. 88
[16]   ebd., S. 89
[17]   ebd., S. 89

c)   Reaktion gegen Situation

Dies ist die eintretende Gegenwirkung zur Situation, deren Auflösung. Zwei Mächte, die zu Reaktionen führen nennt Hegel:

1. Allgemeine Mächte – vernünftig, Ideal
2. Substantielle Mächte – Mächte der Brust, Gefühle

Das Böse ist für Hegel keine Macht, weil es unästhetisch ist.

In dieser eintretenden Reaktion wird Leidenschaft geweckt, denn „es muss durch die Kunst überhaupt Rührung hervorgebracht werden"[18], und „die menschliche Leidenschaft ist die wesentliche Domäne der Kunst"[19]. Ein solches wahrhaftes Pathos kann Ehre und Überzeugung sein, aber auch die Folge von erlesener Bildung sein, weil das benötigte Wissen für die Rechtschaffenheit ein Erworbenes ist. Im Gegensatz dazu sieht Hegel den Pathos, welches auf Religiösem begründet ist – denn dies sei „in der Brust des Menschen eine allgemeine Macht"[20], also keine künstlich geschaffene.

III   Abschließende Gedanken

Hegel bietet einen Leitfaden für das, was er als Kunstschön ansieht hinsichtlich dessen Form und Inhalt – und zwar für alle Kunstgattungen (Drama, Epos, Skulptur, Musik, etc.). Diese „näheren Bestimmungen"[21] des Kunstschönen stellen ganz essentielle Voraussetzungen für Hegels weitere Kunstphilosophie dar. So werden im 2., besonderen Teil die Kunst-Formen den drei Epochen zugeteilt aufgrund der Hegelschen Deutung aus der ersten Abteilung. Die Ausführungen Hegels zur eigentümlichen Selbstständigkeit der Kunst-Figuren, und speziell die Unmöglichkeit des Heroischen in Hegels Zeit stellen wichtige Erkenntnisse zur Wahrnehmung der Menschen dar. So ist die Ästhetikphilosophie mit all ihren historischen, politischen und religiösen Exkursen auch als Erkenntnisphilosophie zur Lage der Menschheit und deren jeweilige zeitliche Selbsteinschätzung zu verstehen. Ästhetik ist konservierter Zeitgeist durch Abstraktion von Lebenswirklichkeit.

Einige Ansätze der Kunstphilosophie wirken heute historisch, bspw. das Komödienhafte der unteren Stände, was spätestens mit Büchners Woyzeck widerlegt worden ist, doch alles in allem ist die Systematik des Kunstschönen schlüssig und historisch nachvollziehbar.

---

[18]   ebd., S. 96
[19]   ebd., S. 96
[20]   ebd., S. 97
[21]   ebd., S. 79

Literaturverzeichnis

Hegel, Georg Wilhelm Friedrich: Philosophie der Kunst. Vorlesung von 1826. Frankfurt am Main: Suhrkamp, 2005

Volpi, Francesco (Hrsg.): Großes Werklexikon der Philosophie, Band 1: A bis K. Stuttgart: Alfred Kröner Verlag, 2004